시인동네 시인선　002　　　　　　　　　　김완수 시집

누가 저 황홀을 굴리는가

시인동네

시인의 말

허공을 겨냥하고 방아쇠를 당긴다.
툭 떨어지는 허공
부리나케 달려가 보지만
깃털도 없는 허공, 주울 게 없다.
매번 허공을 향해 개폼을 날리지만
허공은 그런 나의 자세까지 품어 버린다.
허공 속에서 나는 슬프고 행복하다.
아마
어쩐지
그런 거 같다.

2013년 7월
약천리에서 김완수

누가 저 황홀을 굴리는가

시인의 말

차례

제1부

序詩 · 13
길 A · 14
들꽃 · 15
어떤 아침 · 16
외롭고 쓸쓸한 · 18
가출 · 20
반듯하고 환한 자리 · 22
나는 누구의 구멍일까 · 24
크리스마스이브 · 25
산책 · 26
불빛 한 점, 밥 한 그릇 · 28
풍경 · 30
우리 어디서 다시 만나랴 · 31
미확인 지뢰지대 · 32
환하고 빛나는 한 컷 · 33
남아 있는 과거 · 34

제2부

허공 · 37

인간의 마을 · 38

들켜버린 것은 슬프다 · 40

밥 · 42

저녁노을 · 44

길 B · 45

인간의 집 · 46

풋사과 · 48

가을 강 · 49

삼수 씨의 돌 · 50

은총 · 52

상처이고 아픔이듯 · 53

폐교에서 · 54

겨울 공원 · 56

오징어놀이 · 57

오래된 무덤 · 58

제3부

그리운 예감 · 61

우거지 · 62

그냥 그대로 그렇게 · 64

길 C · 65

약천리 · 66

겨울 강 · 68

나무 안에서 나무 밖으로 · 70

추억의 불편함 · 71

너무 멀어 · 72

봄날, 빈들에 서보면 · 74

길 위에서 · 75

달맞이꽃 · 76

어머니별 · 77

달빛 소나타 · 78

가을밤, 가을비 · 79

알리바이 · 80

제4부

누가 저 황홀을 굴리는가 · 83

갯가에서 · 84

고사목(枯死木) · 85

노루 사냥 · 86

방파제 1 · 88

방파제 2 · 89

그리운 바닷가 · 90

첫눈 · 91

아무도 모르는 사실 · 92

겨울 버드나무 · 93

아마도에는 · 94

가벼운 살림 · 96

담 허무는 밤 · 98

꽃에 대하여 · 99

沒, 沒, 沒 · 100

死月의 노래 · 102

해설 외롭고 쓸쓸한, 공허를 건디는 허공
    김진수(문학평론가) · 103

제1부

序詩

빈집에 들어가
빈집을 둘러본다
아무리 둘러봐도
빈집은
참,
가난하다

길 A

 이윽고, 발이 머물러 발 푸는 곳이 아득한 벼랑일 때가 있다 그런 일쯤이야 돌 하나 던져 하나, 둘, 셋, 헤아려보며 얼마나 깊은 절망인지 꿈꾸는 일이다

 오늘도 누가 소처럼 끄덕이며 고개를 넘고 있다

들꽃

꽃을 꺾어내면
들 한쪽이 가만히 빈다
아무도 모르게 저를 키워 와선 이렇게 꺾인다
어쨌든 이렇게 꺾어지고 나면
애초에 없던 약속마저 애처롭다

어떤 아침

이른 아침, 우두커니 앉아 담배를 피운다
밝아오는 여명에 어둠은 낮게 깔리며
반복되는 일상의 헐거워진 틈으로 스미고
들판도 이렇게 이른 아침부터 제 속살을 태우는지
담배 연기처럼 안개를 피워 올린다
지난밤의 슬픔은 어디에서 잠이 들었을까
달을 에워 쌓듯 무리 지어 빛나던 별들은
또 어느 숨결에 쓰러진 것일까
슬픔도 잠이 들면 싸늘히 식어 고요한 아침이 되는 것
까맣게 타버린 까마귀가 안개의 가슴속으로 날아간다
뒹구는 소주병이 공복처럼 파랗게 빛난다
어제 저녁 무슨 일이 있었던 것일까
서서히 안개의 품으로 투신하는 마을
안개 속에서 누가 서성인다
속삭인다
떠나라
떠,
나,

라,
그래, 어디로 떠날까 다시 어디로 떠 날아갈까
담뱃불을 끄며 빈 소주병을 치우며
이미 떠나온 곳에서 더 이상 떠날 곳도 없는 곳에서
아직은 조금 더 살기로 눈 깜짝할 사이만큼
아주아주 조금만 더 살기로 한다

외롭고 쓸쓸한

꿈속에서 또 꿈을 꾸며 내가 자고 있다
꿈속의 나는 나인데
꿈속에 꿈꾸는 나는
내가 아닌 듯 나고 나인 듯 내가 아니다
이곳인가
저곳인가
그곳인가
삼생(三生)에 걸쳐 누군가가 창문을 두드리는 소리

야심한 시각
달도 없는데
창문에 어른거리는 그림자

빈 배 한 척이 살얼음 허공에 밀려와 있었다
어디서 왔는지 흰 눈이 높이 쌓여 있다
또, 어디로 가는 신호인지
텅 빈 무거운 몸을 흔들며 바람에 돛이 흔들렸다

한 꿈에서 깨어보니 또, 한 꿈속이다
꿈속의 꿈은 누구의 꿈인가
잠 속에서도
먼 길을 떠나온 사람처럼
웅크린 나의 모습이 외롭고 쓸쓸해 보였다

가출

집을 버리고 보니 모두가 집이다

어머니 몸에서 버림을 받았을 때 알았어야 했다

햇살 아래 철둑길을 따라 걷는다

철로에 귀를 대면 아득히 들려오는 철바퀴 소리

마음에 없는 생각으로 하루를 비우고 있으면

세상의 모든 티끌이 나를 스치고 간다

우주의 끝자락도 이제 막 나를 스치고 지나갔다

손에 묻은 낮달의 먼지가 부드럽다

집을 버리고 나니, 우주를 떠나보내고 나니

이제 다시 시작이다

마음을 버리고 나니 몸뿐이다

반듯하고 환한 자리

내가 어제 고향 집에 도착했을 때도
액자는 거기에 그대로 걸려 있었다
上善若水
처음 집을 짓고 걸어둔 액자가
10년 동안이나 움직이지 않았다
청소를 하다 말고 오늘은
액자를 가만히 떼어봤다
누런 벽지 가운데 반듯하고
환한 액자가 새겨져 있었다
벽에 또 다른 액자가 나타났다
액자는 10년 동안 앉은 자리에
저의 분신을 만들었던 것이다
조용히 아주 조용히 그동안
아무에게도 들키지 않고
환하게 떠오르는 자신의 내면을
차가운 벽에 새기고 있었던 것이다
나는 때 묻은 액자를 들고
한동안 벽에 새겨진 액자를 쳐다보았다

10년 동안 좌선한 액자 뒤에
또 다른 무슨 액자가 있겠다 싶어서
쳐다보고 또 쳐다보았다
上善若水 上善若水를 되뇌며
바라보지만 액자는 더 이상 아무것도 남기지 않았다
반듯하고 환한 자리만 빛나고 있었다

나는 누구의 구멍일까

서랍 속에 버려진
지난날 전화번호 수첩을 펴보다가
낯선 이름을 발견한다
무심코 넘기다가 다시 넘기며
누구일까 아무리 생각해봐도
내 몸, 그 어디에도 기억은 까맣고
뜯어지고 얼룩진 수첩만이 기억을 담고 있다
도대체 누구일까 백지처럼 하얗게 지워진 그,
살면서 스치고 지나는 것이 어디 그것뿐이랴
애써 변명을 하며
다시금 수첩을 넘기며 보니
또 있고 또 있다
나도 모르는 나의 과거
이렇게 좀이 슬어 구멍투성이라니
다이얼을 돌려 누구냐고 넌지시 묻고 싶지만
무어라 할 말이 없는 구멍
내 삶의 숱한 구멍 중에 구멍
그럼 나는 누구의 구멍일까

크리스마스이브

오렌지 빛 가로등 휘황한 사잇길로
동그랗게 흰 눈이 내린다

깊고 어두운 하늘가에
할머니 홀로 좌판을 벌려놓고

검은 사해(死海)의 얼음장 밑에서
시인 김종삼이 태연히 바늘귀를 꿰고 있다

눈은 쉼 없이 내리고
어디서 홍시처럼 붉은 마음이 하나
콜록거린다

산책

마른 나뭇잎이 떨어진 길에서
추위에 떨며 그을린 나무들이 서성이고
그 나무들이 떨어뜨린 나뭇잎의 길을 따라가면
나무들이 마음 주고픈 옹달샘에 닿을 수 있나

오래된 돌담의 이끼들이 돌들의 말로 자라
무심코 지나는 누구에게든 등을 돌려세워
오래된 일과 오래되지 않은 일을 말할 수 있다면
돌들이 마음 주고픈 시냇가에 닿을 수 있나

혀 짧은 새의 지저귐을 음악으로 연주하여
우리가 악기의 목젖을 툭 건드려 보았을 때
새의 지저귐이 쏟아져 나와
빈 나뭇가지마다 매달린다면
새들이 마음 주고픈 하늘에 닿을 수 있나

우리들 마른 마음에 불을 지펴 마음마다 큰 화로가 되어
별밤에 알밤을 모아 차가운 손금을 데우는 마음으로

한량없는 바다처럼 한 몸이 되어 넘실댄다면
우리가 마음 주고픈 마음에 닿을 수 있나

불빛 한 점, 밥 한 그릇

　오늘도 노을이 스러지고 바람이 불었다 전신주 가로등 불빛, 불빛 속으로 바람이 불고 또 불었다 형광충 같은 희미한 외등을 밝히고 혼자 들른 포장집에서 생면부지인 우린 머릿고기에 새우젓을 찍으며 정치를 씹고 기업인을 씹고 신문을, 티브이를, 누구누구를 덤으로 찍어 넘겼다 씹어도 씹어도 잘게 씹히지 않는 곱창을 곱씹으며 저마다 가슴에 담은 이야기로 욕을 하였다 욕은 욕을 불러 더더욱 뜨겁게 달아오르고 탁자를 치고 맞장구를 치며 술잔을 돌리고 끝내 우리는 사랑을 이야기했다 기약도 없는 전화번호를 적고 사랑의 순수함과 고귀함을 굳게 믿으며 몇 마디 혀 꼬부라진 정의와 용기로 안주를 시키고 소주를 부르고 노세 노세 노래를 불렀다 몇 닢 동전을 만지작거리며 나서는 골목엔 아직도 바람은 남아 바람만 남아 바람만 불고

　아아 끝도 없이 달려가는
　잃어버린 두메 어디
　어머니 눈 속에 빛나는 두어 평의 방

불빛 한 점, 밥 한 그릇

풍경

뜬구름 사이
어쩌다 비행기나 한 대
별 볼일 없이 지나가는 골짜기 들판
프라이팬처럼 지글거리는 햇볕을 둘러쓰고
바리게이트를 치고 서 있는 깻단을 털며
어머니, 까맣게
기름땀을 빼며 볶아지고 있다

우리 어디서 다시 만나랴

고향은 무덤이다
죽으면
선산 모퉁이
조그만 무덤으로 완성되는

북망산천이다

주차장이다
장의차, 봉고차, 자가용들이
잠깐씩 머물다 가는

잡초 무성한
이국의 어느 쓸쓸한 땅덩어리다

미확인 지뢰지대

지뢰, 들어가지 마시오

최전선 전방
그런 푯말 앞에 서보면
거짓말처럼 내 삶의 최전방에도
이런 구절 하나쯤 저절로 간절해진다
누가 미리 헤쳐보고
찔러보고 살펴본 다음
해골 그려진 붉은 푯말 걸어주며
직진하시오 돌아가시오
친절을 베풀어준다면
정말이지 최전선 전방
그런 푯말 앞에 서보면
어찌하여 우리 지나온 발자국 뒤로
이게 아닌데 그게 아닌데
약 오르는 푯말만 뒤통수 날리는지
자꾸자꾸 야속해진다

환하고 빛나는 한 켠

꽃은 환하다 빛난다

세상 한 켠에 등불을 켜고, 우리들 눈동자에 불을 지피고 가슴을 멍들게 한다 꽃은 아름다운 이데올로기, 살아서 영혼이 된 것들, 하나하나마다 혼령이 붙어 하늘 가득 나비 떼를 띄운다 나비는 꽃의 영혼, 꽃의 혼령을 날개에 달아 저리 가벼웁다

우리 집 똥개 버꾸, 어머니는 개똥을 모아 꽃밭에 북을 돋우시고 기름진 개똥에 날이 갈수록 꽃들은 만발하고, 버꾸는 밥 잘 먹는 천하의 태평성대, 아름다운 꽃 속에서 졸리운 듯 졸리운 듯 그런 눈으로 훨훨 나는 나비를 꾸벅꾸벅 지켜보고 있다 세상 한 켠을 고스란히 제 몫으로 지키며, 떨어진 꽃잎을 혀로 밀어내며, 하얗게 개 밥그릇을 핥고 있다

개 팔자 환하다 빛난다

남아 있는 과거

아주 오래전에 보냈던 편지
수취인 부재로 돌아와 잊고 있던 편지를 읽는다
이제는 갈 수 없는
먼 곳까지 갔다가 돌아온 편지를 읽는다
바람도 없는 검은 창가에서
오래전 문전박대를 당한 편지를 읽는다
한사코 그때의 그대에게
문을 두드리고 있는 편지를 읽는다
그때의 그대가 지금의 그대가 아니듯
나도 그때의 내가 아니다
그래서 외롭게 남겨진 한때의 사나이
그 사나이가 끝내 전하지 못하고 남긴 쓸쓸한 편지를 읽는다
아득히 먼 미지의 땅에 홀로 남겨진 나를 읽는다
그렁그렁한 눈물을 읽는다
미래 또한 아직 남아 있는 과거에 불과하다고
어제의 내가 오늘의 나에게 전한 편지를 읽는다

제2부

허공

사과가 떨어진다
허공에서
아무도 없는데 누가 사과를 따고 있다

사과가 익기도 전
누가 매일 사과를 따고 있다

오늘도 여전히 아무도 없는데
허공에서 누가 툭,
시디신 풋사과를 따고 있다

인간의 마을

 동그랗게 휘어진 해안을 걷다가 멀리 해변을 끼고 작은 마을이 숨어 있는 것을 보았다 바람소리 파도소리에 씻기어 시름도 잊은 듯 오롯이 틀어 앉은 집 몇 채, 나는 바닷가 작은 바위 위에 앉아 내 가슴속 어딘가에서처럼 한적하게 연기나 피워 올리는 그런 마을을 꿈처럼 취해 한없이 바라다보았다 바람은 부는 듯 마는 듯 수평선 위로 구름이나 피워 올리고, 나는 형형색색 아름다운 죽은 조개껍데기나 주워 모으며 사는 일이 이렇게 고요할 수 있다면 얼마나 좋을까를 생각했다 그리고 조금은 심심하고 무료하겠군, 하고 걱정을 하기도 하였다
 해가 기울어 바다가 온통 황금덩어리처럼 빛나는 늦은 오후, 마을에선 누군가를 부르는 소리가 들리기도 하고 저녁 설거지에 바쁜 느낌이 멀리 나에게까지 전해왔다 그러자 내 마음속의 마을에도 일제히 굴뚝 연기를 피워 올리며 노을이 물들었다 나는 동그랗게 휘어진 해안을 따라 마을까지 걸어가 보기로 하였다 마을은 분주한 갈매기 몇 마리 띄워놓고 저녁 햇살 속에 잦아들고 있었다
 이윽고, 내가 마을에 닿았을 때 마을은 어느 곳에도 없었다 다만 허물어져 가는 집 몇 채만이 남아 무성한 잡초들과 함께

마지막 남은 인적을 지워내고 있었다 바람과 파도소리만 남아 허물어진 돌담을 넘어 마루와 안방을 휘돌아 멀리 바다로 다시 나아가고 있을 뿐, 마을은 이미 쓰러져 있었다

들켜버린 것들은 슬프다

우리는
무엇을 가지고 있다
너도 나도 모르는
필설(筆舌)로 못할 무엇을 가지고 있다

겉으로 드러내지 않아도
굳이 두 팔 휘둘러 정의하지 않아도
우리를 우리이게 하는 그 무엇,
그 무엇을 우리는 가지고 있다

우리만의 자유로운 향기
나는 나만의 향기
너는 너만의 향기

우리는 그 무엇을 하나씩 들키고 산다
나는 너에게,
너는 나에게,
하나씩의 향기를 잃고 정의된다

상처를 주고받는다

들켜버린 자리에는 슬픈 꽃이 핀다
고름이 솟는다

밥

노인이 밥을 먹는다

식당 밖 후미진 곳에서
아무렇게나 앉아
혼자
밥을 먹는다

유리창에 비친
숟가락질이 서툰 아이는 엄마와 같이 먹고
연인들은 서로 떠 주며 밥을 먹는다

사람이 먹는 밥은 밥이고
개가 먹는 밥은 개밥
돼지가 먹는 밥은 돼지밥이다

한 입, 두 입
힘들게
노인이 혼자 밥을 먹는다

\>

노인의 식도를 타고 흐르는
외로운 밥
휘청휘청 걸어가는
외로운 힘

긴 담장에 늘어진 개나리꽃이
하나씩
터지기 시작하는 봄날

나도 밥을 먹는다

저녁노을

하루 중 가장 고단해 보이는 것이 노을이다
젓갈처럼 곰삭은 노을
노을을 바라보는 마음이 너그럽다
산봉우리 너머 또 산봉우리가 있어
주구장창 첩첩으로 노을이 지고
그 첩첩한 마음으로 하루를 사는 게
늘 물찌똥을 지리고 뭉개며 사는 거지만
한시름 뒤에 밀려오는 또 한시름으로
밀어내기 한시름을 산다는 것도 사는 일이어서
오늘처럼,
세상이 그저 아무렇지 않을 때도 있다

소주여
담배여
다정히 손잡고 붉게 병든 몸이여

길 B

하루에도 열 번씩 후회하는 길로 길이 있고
또, 길이 가고 있다

냉이꽃이며 쐐기풀이 돋아난 자리에
지난겨울의 흔적이 달라붙어 있다

길이면서 길이고
길도 아니면서 길인
길이 가고 있다

부끄러워라
지나온 길마저 돌아보면 흐릿하다

인간의 집
― 어느 고인의 생가를 찾아서

　초여름 들판 가득, 비가 내리고 있다 하늘에서 풀잎을 거쳐 땅속까지 비가 내리고 있다 우리는 안내원도 없이 누군가의 말만 믿고 작은 들길을 지나 그의 집으로 몰려갔다 집은 작고 초라했으며 오랜 세월을 견뎌온 탓으로 허름하기 짝이 없었다 퀴퀴한 곰팡이 냄새와 빼꼭하게 들어찬 거미줄이 출입을 통제하고 있었다 축대가 무너진 지붕, 잡풀로 뒤덮인 마당, 떨어져 나간 부엌문과 허물어진 아궁이 살아생전에 그의 손때가 묻었을 만한 것은 어디에도 찾아 볼 수 없었다 그러나 그는 위대했으므로 그의 집은 허름한 가운데 예사롭지 않았다 그의 저작 대부분이 써졌다는 작은 골방 같은 건넌방, 여름이면 식은 밥 물 말아 풋고추에 된장을 찍어 먹었다던 마룻바닥, 초라할수록 그의 업적은 더욱 서류앞처럼 빛을 내었다 누군가는 차마 말을 잇지 못하고 아아 탄식을 하였다 생전의 가난과 병고를 이기고 위대한 업적을 남긴 그는 지금 거인이 되어 우리를 빗속에 붙박아놓고 머리를 조아리게 하고도 남음이 있었다 아, 선인의 숭고함이여!
　삼가 명복을 빌고…… 있을 때, 누군가가 뒤미처 안내원의 연락을 받고 뛰어 왔다 고인의 생가는 여기가 아니라고, 조금 더 가야 한다고 소리를 질렀다 우리는 꿈에서 깨어나듯 계면쩍은

얼굴로 그러나 아무렇지도 않게 빗속을 뚫고 되돌아 왔다 그리고 다시 그 위대한 거인의 집으로 가기 위해 버스에 오르면서 보니 그 집은 그저 빗속에 웅크리고 있는, 허물어져 가고 있는, 한 채의 시골집에 불과하였다

풋사과

아직은 무더운 초가을
할머니
떨어진 풋사과를 줍는다
할머니의 할머니는 아담의 아내
까마득히 쫓겨난 에덴의 추억을
쓰다버린 광주리에 담아
시장에 내어놓는다
할머니의 손은
늙은 비애의 손
쭈글쭈글해진 손아귀의 힘으로
벌레 먹은 선악과를
하나씩 쌓아올리며
한 무더기 천 원,
천 원이라고 쪼그리고 앉아 있다

가을 강

흐르다 흐르다 지쳐버리면
때로는 멈추고 싶은 것을,
멈춰버리고 싶은 마음까지를 밀고
가을 강은 흐른다

우리 살아가는 동안,

이유도 없는 설움이 터져
타는 듯 붉은 가을 강가에 앉아보면
누구의 잘못도 아니란 걸 조금은 알 것도 같다

삼수 씨의 돌

 날아간다 전선줄 위로 작은 냇가를 건너서 샛길을 지나 느긋한 포물선을 그으며 자유로운 듯 돌은 손아귀를 떠난다 풀잎에 바람이 불고 팔월의 싱그러운 풀잎을 짓이기며 돌이 박힌다 스며들 듯 언덕 속으로 사라지고 아무 일도 없다는 듯이 다른 풀잎이 덮인다

 풀잎그늘밑에서제덩치보다훨씬큰벌레를물고엎치락뒤치락거리던개미가으깨진벌레의영혼과엎치락뒤치락거리며이승을떠나간다

 돌을 던진 삼수 씨 딱딱 소리가 나게 손바닥을 몇 번 부딪치고 하늘을 올려다본다 구름 몇 점 한가하던 맑은 하늘에 갑자기 먹장구름이 몰아닥친다 삼수 씨 급히 지게를 진다 폭락한 고추 값이 양어깨에 걸리며 찌뿌둥하다 주위가 어두워지고 성난 발자국 소리를 내며 소나기가 쏟아진다 죽창 같다 허공을 갈기갈기 찢어 놓으며 벼락이 떨어진, 다 순간 숨결 없는 적막이 들판을 고정시킨다

적막의거적을밀어올리며검게그을린삼수씨가까스로작대기를짚고일어선다다시지게를진다걷는다찢어진보자기구멍으로빨간고추를하나씩떨어뜨리며힘겹게그곳을떠나간다

은총

칼날처럼 단호하게 푸른 가을날
들녘에 서서 휘돌아보니
하느님의 기적 같은 은총 가득하다

그 무량한 하느님의 은총으로
벼들을 고개 숙이게 하시고
붉은 감 석양에 매달아 두시고
이리저리 온갖 잡것들 배불리 하시고
트랙터, 경운기 또한 지저귀게 하시며
천 번 만 번 허리 숙여
경배하라 경배하라
비, 바람 채찍으로 독려하시니

우리 어머니 그 은총에 맞아
그 들판 가운데서 온통 엎어지고 깨져
가실 날 멀지 않으셨네

상처이고 아픔이듯

불판에 오른 삼겹살이 비명을 지른다
소리를 모아 토해내는 목울대가 없어도
온몸에 밴 아픔을 짜낸다

아픔은 말하지 않아도 이렇게 우러나는 법
상처의 기억은 아물어도
아픔은 뼈와 살 속에 저미어서 절로 우러나는 법

멀리 가는
그대가 상처이고

여기 남은
내가 아픔이듯

폐교에서

 힘을 주어 밀자 썩은 관이 부서지듯 철창이 녹슨 소리를 내며 문을 열었다 담장을 타고 내리는 달빛 속에서 깨어진 유리창에 나뭇잎이 자꾸 얼룩으로 흔들렸다 어쩌자고 나는 이 검고 음산한 추억 속으로 왔는지 손금처럼 갈라진 추억은 더러 가슴에 있고 얼어터진 손등을 내리치던 누가 아직 벽 속에서 흰 이를 드러내 보인다 사시나무처럼 동아전과를 훔치던 바람이 불었다 나를 윽박지르고 가르쳤던 철창이 풀숲으로 떨어져 내렸다 우리는 여기서 무엇을 배웠을까 고향엔 이미 사람보다 빈집이 많았고 구름 속으로 달이 사라지자 도처 어둠 속에서 풀들이 오와 열을 지어 술렁거렸다 정말 우리는 여기서 무엇을 배웠을까 사랑 우정 의리 충효…… 한때 우리를 재배했던 그 아름다운 말들 용배 정님 인규 태용…… 하나하나마다 초롱꽃이 달리는 이름들 더러는 고구마를 먹으며 더러는 보리밥 쑥개떡 수제비를 먹으며 우리는 까마득하게 몰랐다 까마득한 우리 앞에 개근상 정근상 우등상마다 혹은 낱낱이 기념으로 주어지는 일기장들이 슬픔과 회한과 이별의 역사책이 되리란 것을 나는 이제야 알았다 이 부서지고 허물어진 폐교에 와서야 나는 알았다 어디에선지 풍금소리가 들려오는 듯했다 그러나 지금 내 갈라진 추억

속으론 북극성 그리움 송아지 모닥불…… 이런 말들이 아닌 순옥 삼곤 봉애 용숙…… 이런 이름이 아닌 다른 말과 다른 사람들의 이름이 가득 지나가고 있었다

겨울 공원

텅 빈, 겨울 공원에 가보라
거기,
노숙자들이 산다

서로서로
춥다고,
쳐다만 보아도 춥다고,

서로서로
추운 인생,
인생끼리 붙으면 더욱 춥다고,

하나씩
떨어져서,
낙엽처럼 뒹굴고 있다

오징어놀이
— 오징어 건조 작업장에서

해풍 속에 널어놓은 오징어를 보니
불쑥 생각이 난다
유년의 운동장 가운데
말린 오징어를 닮은 오징어를 그려놓고
그 위에서 신나게
밀고 당기고 엎어졌던 오징어놀이
이제는 폐교된 운동장 잡풀 속에
묻힌 하찮은 아이들 놀이에도
오징어처럼 온몸 벌리고 죽은
그런 죽음의 밑받침이 있었구나 생각하니 숙연해진다
생각을 끊어내고 떨쳐내도
자꾸 떠오르는 소름 돋는 나의 죽음
나는 누구의 밑받침이 될 수 있을까
지금까지 그럭저럭 살아왔던 나날과
앞으로도 그렇게 살아갈 뻔뻔한
내게, 죽은 오징어가
무더기로 몸을 오그리며
물음표를 만들어 보이고 있다

오래된 무덤

눈이 오는 언덕 위
백 년이 훨씬 넘은 무덤 하나

쓸쓸하다

죽어서 쓸쓸한 것이 아니라
죽어서 더 오래 산다는 것이
힘들어 보인다

제3부

그리운 예감

벽에 붙은 달력의 날짜가 뒤로 밀린다
내 생애에 다시 오지 않을 날짜를 만져본다
고생대의 퇴적층처럼 아득하게 멀어진다
숨 가쁜 낙엽의 고별사도 없는 달력에서
가을을 보내고 겨울을 맞는다
달력에서 겨울을 보내는 동안
붉은 동그라미로 제삿날을 남기고 사람들이 죽는다
사람이 죽어서 묻히는 골짜기 옆 하늘이
가늘게 떨며 성긴 눈발을 가슴께로 날려보낸다
무슨 신호일까
저들의 말은 이해할 수 없지만
부고장처럼 가슴에서 꿈틀거리는 몇 송이 눈을 받는다
눈 덮인 겨울 숲
벌거벗은 겨울나무가 그리움처럼 한 그루 서 있다

우거지

노곤하게 봄이 깃든 남새밭에
온 동네 코를 찌르며 버려진 우거지

너무 곯았는지 우거짓국도 못되고
난데없는 고아처럼 몰래 버려진 우거지

겨우내 독 안에 부패를 혼자 견디며
무시로 들락거리는 칼 쥔 손때에
곰팡이 꽃과 소금 꽃을 피우며 썩어버린 우거지

온몸 투신하여 명성을 쌓은 것이
고작 냄새뿐인 우거지

실은 우거지 냄새가 인간의 냄새인 우거지
고로 죄 없는 우거지

한번쯤 그런 냄새를 맡아보면
인간의 냄새가 원래 그런 것임을

코 막고 뛸 듯이 알게 해주는 우거지

아무도 몰래 내가 버린 우거지
나의 냄새

그냥 그대로 그렇게

혼자서 피고 지는 풀꽃은 외로울까
아무런 이유도 없이
이유 하나 있을 필요도 없이
외로울 수 있을까

그립지 않고
그리움이 뭔지도 모르고
그렇게 살면 안 될까

고개 숙여 동그랗게 꽃잎을 말아 떨구고
그냥 꽃잎을 떨구고선
그냥 그대로 그렇게
마음 하나 아프지 않게
사랑할 수는 없을까

길 C

1
현관에서 신발을 벗으며 보니
신발 바닥에 길이 붙어 있다
한 발자국 걸을 때마다 접혔는지
차곡차곡 쌓여 있다
발자국은 버려두고
뜻 모를 남의 길까지 접어 왔다
선잠에 꿈들이 겹친 것처럼 서로 엉켜 있다
누구의 길에서 똥냄새가 난다

2
거미가 허공에 길을 만든다
텅 빈 허공에 길을 만들고 보니
허공도 길인 것과 길 아닌 것으로 나뉜다

약천리*

겨울은 문풍지 끝처럼 떨고 섰는데
비가 내린다 잔설을 밀어내며
빙판 진 얼음 위를 타고 흘러내린다

동짓달 까치는 누구를 기다리나
여름날 장마처럼 온 들녘 서릿발 무릎을 꺾으며
비가 쏟아지는 전신줄 위에서
깍깍 새벽부터 소란이다

산봉우리엔 눈이 쌓이고 마을엔 비가 내린다
질퍽이는 진창길에 까치는 우는데
멀리 인적이 없는 곳에서
누군가 온통 어깨에 비를 두르고
젖은 산모퉁이를 돌아가고 있다

비에 젖은 비를 다시 한 번 더 적시며
비는 팥죽처럼 죽죽 구멍 뚫린 처마를 타고 벽을 적시고
등 시린 우리의 잠자리까지 흘러내린다

\>

겨울은 문풍지 끝처럼 소리 죽여 떨고 섰는데
누구누구는 바보
누구누구는 쪼다
담벼락에 바보 쪼다들은 죄다 히히거리며
어디로 떠나갔을까
진짜 바보처럼 진짜 쪼다처럼

＊전남 곡성군 입면에 있는 산골 마을.

겨울 강

너도 아니고 나도 아닌
우리가
오랜 기억이 묻힌 겨울 강가로 돌아왔을 때
어제 흐르고 남은 시간이 오늘 또 흐르고 있었다

스스로 풍장에 든
잡풀들이여
자갈들이여
나뭇조각들이여
끝내 아무것도 아닌 것들이여
풍경이여

행여 너였다가 혹은 나였다가
그리하여 우리가
용서할 것도 없이 방황하는 겨울 강가에 서서
눈보라를 맞는다

흐르고 난 시간은 어디서 퇴적할까

〉

긴 세월 동안 우리가 그러했던 것처럼
어둠은 스스로 어둠을 밝히며 깊어지고
겨울 강에 스치는 바람은
허공으로
허공으로
산산이 흩어진 가운데 또 흩어진다

나무 안에서 나무 밖으로

오랫동안 지켜보던
마지막 한 잎 낙엽이 떨어지고 있다

나무 안에서 나무 밖으로
지상에서 떠올리는 공기의 가벼움 속으로
발걸음을 옮기고 있다

겨울 한가운데 묻히고 있다

언제나 처음처럼
싸락눈이 내려 쌓이고
귓속을 흔드는 고요가 덮인다
적막 속에서

설원의 눈동자가 시리고 아프다

추억의 불편함

숲 속의 낡은 벤치, 썩어가네

충치처럼 까맣게 벌레 먹은 낙엽처럼
세월에 눈칫밥을 먹듯 모래알처럼
아아 소리를 내며 기억이 지워지고 있네

한때의 아름다움은 한때의 슬픔과 같아
너와 내가 갑자기 떠난 자리에 살을 베는 풀이 자라
가슴의 언저리를 조금씩 베어내고

추억은 세월의 양념으로 어스름 반달이 되네

나무 등걸처럼 단단하지 못하고
뿌옇게 젖은 멀고 먼 눈빛,
에 늘 솜사탕처럼 흰 구름은 떠서
그리운 한때를 불러보네

낡은 벤치만 남아 있네

너무 멀어

나는 항상 여기에 있지

여기에서 나는 떠나본 적이 없지
그대들이 멀리 떠났다 다시 돌아와도
그대들이 돌아왔다 다시 떠난다 해도

나는 여기에서 처음부터 아프고 있지
물먹은 습자지 같은 마음으로

세상은 왜 이렇게 먼지
왜 나는 자꾸 멀어지는지
다들 멀어지는지

멀리 있는 것들은 왜 이리 편하고 또 불편한지

더듬이를 세우고
파란 하늘 반달이 구름 옆에 구름처럼 너무 멀어
네 것 내 것도 아닌 우리 것으로 가는데

>

멀리 있는 그대들은 또 아는지

봄날, 빈들에 서보면

오래되어 단단하게 키 크는 나무들처럼
푸른 배경으로 서고 싶은 봄날
풀잎이 영그는 소릴 들으며
아직 그 무엇으로도 채우지 못한 빈들에 서보면
한 세상 어지럽게 흔들리고 있다
흔들리고 흔들리는 세상 속에서
변치 말자 변치 말자
다짐하고 맹서하는 발길로 정처 없이 떠돈다
대낮에도 몽환에 젖어
지나간 세월 동안 나서 자라고 죽어 넘어진 것들과
우리가 떠나고 없는 그 어느 날을 이야기한다
양지바른 들녘 그 어디쯤에서
영혼의 한 잎 솜털구름 같은 싹을 틔우고
너도 없고 나도 없는 세상 끝으로
세월이 낭자하게 흐르는 것을 본다
그러나 씨앗은 차가운 땅에서 무엇을 배우는지
들은 아무것도 가르쳐 주지 않고
그저 보여만 준다

길 위에서

그만그만한 산들이 모여 산맥을 이루고 그만그만한 지붕들이 모여 인가를 이루고 그만그만한 사람들이 모여 삶의 냇가를 만들어 딱히 정처야 있든 없든 옹골지게 살아보자고 너도나도 가슴에 담은 꽃바람 날려 보내니

****눈갯버들 애기똥풀 족두리풀*****진달래**복수초****꽃다지**개나리 백목련***할미꽃**대추 탱자***제비꽃**민들레 금낭화**쇠비름 패랭이 수련***깽깽이풀***자귀풀 산수국 벽오동***달맞이꽃******쥐오줌풀**씀바귀**달개비*원추리 문주란 으아리*****금강초롱 고마리 물매화***며느리밥풀****능소화 모란 부용***********눈꽃****성에꽃

무궁화 삼천리금수강산에
春,
夏,
秋,
冬,
피고 싶은 마음 컹, 컹, 달린다

달맞이꽃

곤달걀처럼 누런 해가 진다
산 그림자 으슬으슬 바람이 불고
아랫녘 갯가에 갈피리 황금물결 차고 오를 때
어머니, 등이 굽은 산모랭이 밭에서
우리가 신다 버린 운동화짝 뒤채며
어질병 나는 아지랑이 꿈속 같은 논둑길을 따라 오신다
씨름하듯 메고 뒤집고 잡치고 엎어서
씨를 뿌려도 자빠지지 않은 빈곤
양철문 으르렁 밀면
발 없는 소문은 천 리를 돌아
뉘 집 자식 서울 가서 돈 벌고 출세했다는데
산 너머 동악산 서슬 푸른 시누대 숲
올빼미 울음 위로 흐벅지게 탐스런 보름달이 뜬다
어머니, 한 솥 달빛 저녁을 안치시고
달빛도 시름인 양 마당 가득 차오르면
그 일렁이는 달빛 바다 가운데 꽁초를 물고 태우시는데
그것은 휘황하게 빛나는 달맞이꽃이었다

어머니별

마음이 해안의 물살에
발등 찍히고 있을 때

수평선 위로
그 수많은 어머니별 중의 하나가
나를 점찍으며 떠올랐다

까물까물
꽃 피는 꽃 잎
꽃 지는 꽃 잎

식음을 전폐하고
빛나는 나의 죄

나를 이끌고 가는 소금별

달빛 소나타

이십 하고도 수년 전에,
아버지
당신은 이미 돌아가셨습니다
그렇지만 제겐 아직도
밤이 이슥토록 산모퉁이 자갈밭을 갈고
돌아오시는 아버지가 보입니다
이랴 이랴
지게에 쟁기를 지고
남의 집 누렁 소, 잔등에
튀밥처럼 가벼운 달빛을
가득 태우고
달 있는 밤이면 밤마다
돌아오고 계십니다

가을밤, 가을비

누군들 외롭지 않겠는가
가을밤, 가을비

후둑 후둑
흑,
흑,

세상이 온통 울고 있는데

누군들 외롭지 않겠는가
이런 밤에는

다만,
잎 작은 대추나무 아래, 젖은
귀뚜라미만 외롭게 울지 않고 있다

알리바이

내 눈에

불현듯, 어느 순간

날아가던 비행기가 앗! 하는 자세로 허공에 멈춘다

구름도, 나뭇잎도, 저녁 어스름도

슬라이드처럼 끊긴다

내 눈에 담겨진 한 장 한 장의 사건

차르르르르

허공을 가로지르며 비행기가,

새가 날아간다

제4부

누가 저 황홀을 굴리는가
— 낮달

어느 분이 저 황홀을 굴리는 것일까
한눈도 팔지 않고
강물에 쓸리지도 않고
구름인 듯 저 황홀에는 어느 분이 기거하고 계실까

휘적휘적 걷다가
저 황홀을 만났다
꼼짝없이 황홀에 갇혀 개처럼 눕고 싶어졌다

미친 듯이 가려운 살갗을 벗겨내고
가만히 들여다보니
내 안에도 저 황홀이 하나 둥실 떠 있다

갯가에서

무거운 몸을 밀고 바다가 떠난 자리
텅 비어,
부서진 목선만 기우뚱하게 졸고 있다

훈풍의 두터운 바람이
목선의 졸음을 사방으로 흩뿌려놓은 듯
엎드려 있는 뻘게의 등짝 위로
정오의 해는 서서히 지나가고 있다

밀물의 시간
먼 바다의 숨소리가 귓속을 간지럽히며
날을 세운 갈대의 목덜미에서 조용히 떨어진다

 백 년도 살지 못하는 인간의 이야기가 종패(種貝)처럼 널려
있고
 갈대의 잎에 피가 맺혀 있다

고사목(枯死木)

빗금을 치며 내리붓는 눈을 가지마다 얹고
조용히 숨을 거둔 나무
오래되어 흩어진 기억처럼 한 꺼풀씩
살을 벗기며 서 있다
좀 슬어 구멍 난 낡은 힘으로
허공 속의 까치집을 품고
죽어서도 짊어지고 가야 할 업처럼
허물어진 빈집 돌담 옆에서
고사목은
거둔 숨을 거듭 몰아쉬며
죽은 나머지 생애를 버티고 서 있다

노루 사냥
─그것은 우리의 장난이었고 다만 심한 장난에 불과했다

  어느 아침, 나는 우연히 그를 보았다 검은 그림자가 무너진 돌담을 끼고 돌아나갔다 싶었을 때, 그는 이미 뒷산 수풀 속으로 자취를 감추고 있었다 한달음에 언덕을 뛰어넘는 겁에 질린 푸르른 힘으로 내 시야에서 멀어져 갔다

  빈 헛간엔 때 묻은 하얀 거미줄이 벽을 따라 늘어져 있었고 미처 무너지지 않은 지붕 쪽 문간 옆으로 그 겁 많은 나그네의 쓸쓸한 잠자리가 있었다

  그리고 한동안 그는 오지 않았다 며칠이 지났는지 모르지만 바람이 불고 눈이 왔다 그리고 또 바람이 불고 눈이 왔다 뉴스에서는 연일 난감한 표정으로 야생 노루며 고라니, 산토끼 사냥이 기승을 부리고 있다고 하였다

  에일 듯 추운 어느 날, 달빛 처마 밑에서 늙은 누렁이가 신경을 세우며 낮게 으르렁거리는 소리를 들었을 때 나는 그가 푸석거리는 잔설의 어둠을 밟고 내려와 숨을 죽이고 무너진 헛간에 숨어 있음을 알아차렸다

  이른 아침, 우리는 조용히 헛간을 에워쌌다 새파랗게 그는 날뛰었다 그러나 벼르던 단 한방의 총성으로 결국 그는 마당에 뉘어졌다 아직 근육의 힘은 긴장한 용수철처럼 푸들거렸는데

가엾게도, 아직 그는, 숨이 끊어진 줄도 모르고 힘차게 뛰고 있는 모양이었다 이미 산을 넘고 내를 건너 멀리멀리 사라지고 있었다

방파제 1

바다에 눈이 오고 있었다
눈알이 붉은 새가 우두커니 앉아서 눈이 오는 광경을 지켜보고 있다

바다에 바람이 불고 있었다
눈알이 붉은 새는 날아가고 그 자리에 낯선 내가 옷자락을 날리며 서 있다

바다에 어둠이 물들었다
내가 옷자락을 날리며 섰던 자리에 바닷게 한 마리가 두 눈을 세우고 넘는다

이윽고, 바다에 눈도 바람도 멈추고
아무도 모르게 비늘도 없는 생선을 싣고 먼 바다에서 선원들이 돌아왔다

바다는 방파제에 와서 혼자 울고 갔다

방파제 2

여전히, 바다에 눈이 오고 있었다

저녁 내내 울었던 바다는 시퍼렇게 멍이 들어 있다

고무 대야에 산 오징어를 파는 아주머니의 손이 파랗게 곱아 있다

갈매기, 파도, 등대, 희뿌연 하늘, 뭉개진 수평선

그리고 눈 내리는 바다

아무리 생각해도 특별히 생각나는 꿈도 없는데

아침에 일어나보니 베갯잇이 젖어 있다

그리운 바닷가

모래 위 바닷가를 걷다보면
한없이 걷다보면
발바닥에 바다가 붙어
출렁거린다

자꾸자꾸 출렁거리는
바닷가를 걷다보면
없는 그리움도 출렁거린다

첫눈

눈이 온다
점,
점,
점,
참새 한 마리가
막 내려앉은 흰 눈을
쪼아본다

아무도 모르는 사실

사실, 그동안 나는
밤이면 밤마다 강가에서
하얗게 접은 별을 끊임없이 하늘로 흘려보냈다
사람들은
저 별은 내 별, 저 별은 네 별,
하는 거지만
아무도 모른다
수많은 저 별이
다 내 그리움인 것을

겨울 버드나무

강가에
늙은 버드나무 가지
얼어붙은 겨울 강을 붙잡고 있다
힘겹게
세월이 멈춰져 있다

아마도에는

아침부터 들판에
비 오고
눈 내린다

눈비 맞은 겨울 배추가 달아
푸른 배추 잎에 삼겹살을 올려놓고
말없이
말도 없이
소주도 한 잔
그리운 이름마다 한 잔씩
따라놓고 있자니
눈도 이유 없이
한없이
한없이
내리어 쌓인다

동네 정육점 가게
먼 데서 혼자 사는 이도 삼겹살을 사러 왔다

돼지 축사는 망하고
헛간마다 빚더미는 그득한데
괜스레 눈 온다고 자기도 한 잔 할랑가 보다

아마도 그럴랑가 보다
아마도
아마도에는
비는 비처럼 내리지 않고
눈은 눈처럼 내리지 않는다

가벼운 살림

바람을 따라
서쪽 들로 나왔다

하늘은 내 살림을 닮아
텅
텅
깨끗하다

부귀와 명예는 진즉에 굶어서 죽고
골방 살림에 골몰하는 골몰만 남았다

도둑질이라도 배웠으면 조금은 나았을까
골몰
골몰
히히힛 웃음이 터져

바람을 따라가며
속으로

속으로

나는 울었다

담 허무는 밤

하루에도 몇 번씩 담을 쌓고 허문다
직선으로 쌓아보았다가
곡선으로도 쌓아보았다가
이리저리 아무렇게나 쌓아보았다가
마음에 드는 담 하나 없어 또 허문다
하루 종일 담을 쌓았다가 허문다
쌓았다가 허물고 쌓았다가 허물다보니
허문 자리에도 층층으로 경계가 지고
상처 아닌 곳이 하나 없다
이끼 한 점 피워내지 못하는
깨진 돌 부스러기와 벽돌 부스러기들 위에 서서
내일의 담을 또 생각한다
수없이 쌓고 수없이 허물다보니
담 밖이 담이고 담 안이 담이다
담이 나이고 내가 담이다
그렇게 스스로 담이 된 저녁,
그런 저녁은
돌처럼 무거워져서 꿈도 일어나질 못한다

꽃에 대하여

나는 파닥이고 있다
나는 어제의 그림자이다
갈 데까지 끝내, 가버린 것이 오늘이고
오늘은 나의 또 다른 치욕이다
버려진 절간
버려진 부도탑 앞에서
침묵하는 고요를 듣는다
이미 신념은 더럽혀졌고
부패는 평화롭다
누가 나를 말할 것인가
길을 잃은 자는 외롭지 않다

꽃이여
네가 선 자리가 너로부터 가장 먼 곳이다

沒, 沒, 沒,

양말 두 켤레와 칫솔 한 개
그리고, 기록될 수 없는 사소한 일들이
나의 도반이다

바위너럭을 돌아 오로지 흐름에 골몰하는 냇물
몰, 몰, 몰,
골몰하며 흘러가는 냇물은
물의 골몰인가
나의 골몰인가

바위너럭에 앉아 골몰을 골몰하는 골몰은
나의 골몰인가
골몰의 골몰인가

몰, 몰, 몰,
정처 없는 골몰
골몰이 간다
내가 간다

>

양말 두 켤레와 칫솔 한 개를 메고
골몰하는 골목에 함몰되는 골몰은
나의 함몰인가
골목의 함몰인가

사소한 빛들이
내 안에서 편안하다

死月의 노래

死月의 햇빛이 창창하다 물 샐 틈 없는 햇빛 허공을 가로지른 전선줄에 낡은 새 한 마리 목청을 널어놓고 있다 산은 소나무 몇 그루 졸고 있는 민둥산인데 아직 들판은 쭈뼛쭈뼛 푸름인데 입맛 쓴 점심을 먹고 콧잔등의 땀을 닦으며 보니 새는 여전히 햇빛 넝쿨 속에 흘러간 노래처럼 풀어져 있다 멀리 보이는 산은 소나무 몇 그루 졸고 있는 민둥산인데 死月의 햇빛은 여전히 창창하다 死月도 마지막 주, 여전히 구름도 없는 민둥산 꼭지는 민둥산인데 死月에 죽은 내가 먼 산을 바라보고 서 있고 다음 달 死月에 나는 먼 길을 떠나 돌아오지 않는다 그러나 다음 달 死月은 다시 시작될 것이고 내 떠나간 발자국 위로 여전히

해설

외롭고 쓸쓸한, 공허를 건디는 허공
— 김완수의 시세계

김진수(문학평론가)

  김완수의 시는 온갖 거추장스런 정념과 사념들로 들끓었을 육신의 피와 살을 덜어내고 남은 오롯한 근골의 이미지로 다가온다. 마치 김종삼의 시세계를 연상시키는 듯한 간결한 말들이 직조해내는 선명한 서정적 이미지와 단아한 여백이 만들어내는, 어쩌면 깊은 침묵 속에서 휴식하고 있는 것 같은 말들의 풍경은 바로 이 같은 근골 이미지의 언어적 번안이라고 해야 하리라. 사실상 이 간결하고도 침묵하는 듯한 말들의 풍경이야말로 김완수의 시세계를 진폭이 큰 공명의 자장으로 만드는 데에 핵심적인 요인으로 작용한다고 말할 수 있다. 역으로 말하자면, 저 자장이 형성하는 침묵하는 말들의 풍경 속에는 한편으로는 개별 주체로서 모든 존재자의 유한성으로부터 비롯되는 외로움과 슬픔 혹은 상처와 아픔의 정신적 에너지들이 강렬하게 요동

치고 있으며, 다른 한편으로는 이 삶과 세계의 무상함으로부터 기원하는 허무와 관조의 시선이 복잡하게 얽혀 있다는 뜻이겠다. 시인은 우리가 살고 있는 이 세계가 하나의 허공이고, 또한 이 허공을 딛고 선 우리 존재는 공허하다고 말하는 듯하다. 물론 불교적 세계관에 익숙한 독자들에게는 이러한 세계와 존재의 이해 방식이 유달리 새로워 보일 것은 없을 테지만, 사실상 이 시인의 시들이 발산해내는 매력은 이 같은 세계관이 말과 침묵으로 교직되어 오롯이 형상화되는 그 역설적 긴장의 풍경 속에 있다고 하는 편이 옳다. 하기야 시가 그런 것이 아니라면 또 무엇이겠는가? 시에 있어서 발화는 침묵의 한 방식이며, 이 침묵은 또한 세계와 삶의 말할 수 없는 진실들에 대해서 바치는 존재자의 최상의 경외감의 표현에 지나지 않는다. 그러니 시란 결국 말할 수 없는 것들에 대한 말이거나 말할 수 없는 것 자체의 말, 혹은 모든 존재와 언어의 가능성들이 하나의 임계점에 도달해 이윽고 텅 빈 세계의 심연으로 돌아가는 순간의 어떤 불가능한 말일 수밖에 없을 듯하다.

그런 의미에서 보자면, 김완수의 시세계에서 시의 언어들은 어떤 고정된 의미를 형성하는 말, 즉 세계와 존재를 관념적인 주체의 자기동일성 속으로 환원하여 소유하거나 지배할 수 있는 그런 말이 아니다. 시의 언어는 오히려 고정된 의미 생산의 장소로서의 시인이라는 주체의 한계 너머에 있는 말, 그러니까 '존재의 바깥'을 지향하는 어떤 근원적인 언어의 존재론이라고 할 만한 말들의 풍경을 연출해낸다. 그러니까 시인의 시세계에서 빈번하게 출현하는 허공/빔과 구멍/틈의 이미지는 모두 이러한 존재 바깥 혹은 어떤 부재의 사태와 관련되어 있다고 말해야 한다. 시인의 첫 시집을 이끌어가는 핵심적인 동력은 어떤 비가시적인 에너지와 파동, 혹은 '부재의 실재성'이라고나 해야 할 어떤 근원적인 존재의 공허한 에너지의 파장인 것처럼 보이기 때문이다. 달리 말해서 김완수의 시들은 전통적인 의미에서의 서정시가 토대를 두고 있는 것으로 가정된 주객의 상호동일성의 논리가 균열을 드러내는 어떤 임계의 자리를 드러내고 있다는 뜻이겠다. 그렇기에 거기에서 세계나 자연, 혹은 존재나 타자들은 주체의 자기동일성의 자장 속으로 결코 수렴될 수 없고 또 수렴되지도 않는다. 세계나 존재는 오로지 의식하는 주체에게는 알 수 없는 그 무엇으로, 그러나 동시에 어떤 '실재성의 부재'의 장소로서의 저 의식하는 주체의 자리를 오히려 위협하는 '부재의 실재성'의 한 형식으로만 존재하는 듯하다. 가령, 다음과 같은 시를 보기로 하자.

    사과가 떨어진다
    허공에서
    아무도 없는데 누가 사과를 따고 있다

    사과가 익기도 전

누가 매일 사과를 따고 있다

오늘도 여전히 아무도 없는데
허공에서 누가 툭,
시디신 풋사과를 따고 있다.

―「허공」 전문

 시적 화자, 즉 대상을 마주하고 선 발언하는 주체의 감각이나 관념과 연관된 형용사 '시디신'이라는 한 단어를 제외하고는―사실상 이 수식어는 '풋사과'에 대한 비유로서는 클리셰(cliche)에 불과한 것처럼 보인다―이 시에서 발언하는 주체와 관련된 어떠한 어사도 존재하지 않는다. 그렇기에 시에서 행위의 주체는 오히려 "아무도 없는데 누가 사과를 따고 있다"는 저 '허공'이라는 풍경의 일부에 지나지 않는다고 말하는 편이 옳다. 그러니까 이 시의 진정한 주체는 사실상 허공이라는 뜻이겠다. 시의 제목이 그렇게 되어 있는 까닭도 바로 이런 이유 때문일 것이다. 그리고 이 허공의 이미지가 이후 시인의 시세계 전체를 관통하는 핵심적인 이미지와 모티프를 형성하게 된다는 사실은 각별한 주목을 요한다. 그것은 어쩌면 단순히 세월의 덧없음과 무상함에 대한 상징일 수도, 또 끊임없이 변전하는 세계 속에서 삶의 외로움과 쓸쓸함에 대한 비유일 수도 있을 터이다. 그러나 시인은 이 덧없음과 무상함 혹은 외로움과 쓸쓸함을 결

정적으로 다음과 같은 '구멍'의 이미지를 통해 형상화함으로써 세계와 삶에 대한, 더 나아가 '나는 누구인가'라는 주체에 대한 존재론적 탐구의 화두로 삼는다.

> 서랍 속에 버려진
> 지난날 전화번호 수첩을 펴보다가
> 낯선 이름을 발견한다
> 무심코 넘기다가 다시 넘기며
> 누구일까 아무리 생각해봐도
> 내 몸, 그 어디에도 기억은 까맣고
> 뜯어지고 얼룩진 수첩만이 기억을 담고 있다
> 도대체 누구일까 백지처럼 하얗게 지워진 그,
> 살면서 스치고 지나는 것이 어디 그것뿐이랴
> 애써 변명을 하며
> 다시금 수첩을 넘기며 보니
> 또 있고 또 있다
> 나도 모르는 나의 과거
> 이렇게 좀이 슬어 구멍투성이라니
> 다이얼을 돌려 누구냐고 넌지시 묻고 싶지만
> 무어라 할 말이 없는 구멍
> 내 삶의 숱한 구멍 중에 구멍
> 그럼 나는 누구의 구멍일까

—「나는 누구의 구멍일까」 전문

  이처럼 존재를 어떤 '망각'이나 '구멍'으로 파악하는 이 시의 관점은 전통적인 의미에서의 서정시가 전제하는 주체와 객체의 상호동일성 혹은 주체의 자기동일성의 시학으로 환원될 수 있는 여지를 아예 차단하고 있는 것처럼 보인다. 그러므로 김완수의 시세계에서 의식하는 존재로서의 주체는 이러한 망각이나 구멍을 통해 스스로를 은폐하는, 또한 은폐의 방식으로 스스로를 드러내는 빈틈, 그러니까 부재의 실재성의 형식으로서만 개시될 수 있는 어떤 공백 같은 것일 수밖에 없을 터이다. 보다 정확히 말하자면, 김완수의 시세계에서 주체는 어떠한 고정된 본질이나 의미도 소유하지 못한 하나의 흔적 내지는 균열 같은 것이라고 해야 한다. 그렇기에 이 삶과 세계는, 역설적으로, 정처 없는 유전과 생성의 우연한 순간들로 충만해 있다고 말할 수도 있다. 그리고 바로 이처럼 끊임없는 변화 속에서 유전하는 생성과 소멸의 삶의 과정 자체야말로 김완수의 시세계에서는 항구적인 불변의 진리의 자리를 차지하고 있는 것처럼 보인다. 이 첫 시집의 세계를 휘장처럼 두르고 있는 적막, 고요, 허공, 부재, 고독의 이미지들은 모두 이 같은 부재의 실재성의 흔적으로서의 존재의 풍경인 셈이다. 그 풍경의 일단은 다음과 같이 펼쳐져 있다.

    아주 오래전에 보냈던 편지

수취인 부재로 돌아와 잊고 있던 편지를 읽는다
　　이제는 갈 수 없는
　　먼 곳까지 갔다가 돌아온 편지를 읽는다
　　바람도 없는 검은 창가에서
　　오래전 문전박대를 당한 편지를 읽는다
　　한사코 그때의 그대에게
　　문을 두드리고 있는 편지를 읽는다
　　그때의 그대가 지금의 그대가 아니듯
　　나도 그때의 내가 아니다
　　그래서 외롭게 남겨진 한때의 사나이
　　그 사나이가 끝내 전하지 못하고 남긴 쓸쓸한 편지를 읽
는다
　　아득히 먼 미지의 땅에 홀로 남겨진 나를 읽는다
　　그렁그렁한 눈물을 읽는다
　　미래 또한 아직 남아 있는 과거에 불과하다고
　　어제의 내가 오늘의 나에게 전한 편지를 읽는다
　　　　　　　　　　　　　　—「남아 있는 과거」 전문

　시의 소재로 동원되어 있는, '수취인 부재'로 인해 되돌아온 편지란 이미 의미전달의 기능을 상실한 말들의 무덤에 지나지 않을 것이다. 더 나아가 시인의 시세계에서는 발신자의 의도를 수신자에게 전달해줄 말의 고유한 의미란 것도, 그것을 고정시켜

줄 어떤 사회적 맥락도 더 이상 존재하지 않는 것처럼 보인다. 모든 것은 공허하고, 또 공허한 모든 것은 허공에 뿌리를 내리고 있기 때문이다. 그리하여 이제 모든 언어들은 그 자체로는 무의미한 말, 즉 오로지 말을 위한 순수한 말로서만 남겨지게 될 터이다. 이러한 의미에서 저 편지의 언어들은 주체의 고독("그래서 외롭게 남겨진 한때의 사나이")을 지시하거나 드러내기 위한 말도, 또한 어떤 고정된 대상이나 의미("끝내 전하지 못하고 남긴 쓸쓸한 편지")를 지향하는 말도 아닌 셈이다. 그러니까 그것은 말 그대로의 말, 즉 그 자체로 화석화된 어떤 존재 혹은 부재의 풍경이 된 말이라고 해야 한다. 이 순수한 존재 혹은 부재의 언어 속에서, 또한 이 순수한 언어의 존재를 통하여 "그때의 그대가 지금의 그대가 아니듯/나도 그때의 내가 아니"게 된다. 그렇기에 세계와 삶의 모든 존재와 의미는 이 순수한 말의 출현과 더불어 이제 무한히 생성 소멸하는 어떤 공허의 순간과 심연 속으로 침몰한다. 역으로 말하자면, 시작과 종말을 갖는 모든 계기적 시간은 이 생성과 소멸의 매 순간 속에서 전적으로 무화된다고 할 수 있다. 그렇기에 이 순간은 이제 완전히 새로운 어떤 시간의 창조인 동시에 영원히 회귀하는 시간, 가령 창세기의 신화적 시간과도 같은 순간이 되는 셈이다. 그리하여 시적 화자 혹은 수취인 부재로 인해 되돌아온 저 편지의 주인/주체는 마침내 "미래 또한 아직 남아 있는 과거에 불과하다고" 감히 선언할 수 있게 될 터이다. 주체는 이제 저 부재의 실재성의 흔적 속에서 생성하는 시간 그 자체, 혹은 그 자체로서 하나의 생성의 사건이 된다. 시인의 시세계에서 허공과 구멍의 이미지는 이처럼 세계와 존재의 변전을 주재하는 어떤 절대적인 힘의 형식, 말하자면 부재의 실재성의 한 형식으로 자리하고 있다고 말할 수 있다.

김완수의 시세계가 그려내는 말들의 풍경은 존재의 어떤 불연속성으로부터 유래하는 주체의 고독과 삶의 공허가 파열되는 하나의 사건, 즉 존재의 개방성이라고 할 만한 사태를 주제화한다고 말할 수 있다. 허공과 구멍의 이미지는 이 같은 삶의 경계 없음과 존재의 열림 혹은 개방성을 지시하는 상징적 기표로 작용하는 것처럼 보인다. 시인의 시세계에서 그것들은 그 자체로 완결된 주체의 고독과 공허가 깨어지는 해방의 기능을 수행하기 때문이다. 그렇다면 이제 다음과 같이 말할 수 있어야 한다. 즉 유전하는 세계의 허무와 돌이킬 수 없는 삶의 공허가 시인의 시세계의 전경 혹은 표층을 형성한다면, 이 허무와 공허를 넘어서려는 마음의 열망과 움직임이 후경과 심층을 구성한다고 말이다. 시집에 등장하는 눈(동자)의 이미지들은 모두 이 같은 마음의 변주라고 할 수 있다. 그것들은 모두 이 세계의 허무와 존재의 공허를 투영하고 있는 '마음' 이미지의 계열체로 보이기 때문이다. 먼저, 다음 작품을 보기로 하자.

벽에 붙은 달력의 날짜가 뒤로 밀린다

> 내 생애에 다시 오지 않을 날짜를 만져본다
> 고생대의 퇴적층처럼 아득하게 멀어진다
> 숨 가쁜 낙엽의 고별사도 없는 달력에서
> 가을을 보내고 겨울을 맞는다
> 달력에서 겨울을 보내는 동안
> 붉은 동그라미로 제삿날을 남기고 사람들이 죽는다
> 사람이 죽어서 묻히는 골짜기 옆 하늘이
> 가늘게 떨며 성긴 눈발을 가슴께로 날려보낸다
> 무슨 신호일까
> 저들의 말은 이해할 수 없지만
> 부고장처럼 가슴에서 꿈틀거리는 몇 송이 눈을 받는다
> 눈 덮인 겨울 숲
> 벌거벗은 겨울나무가 그리움처럼 한 그루 서 있다
> ―「그리운 예감」 전문

 "고생대의 퇴적층처럼 아득하게 멀어"져가는 "내 생애에 다시 오지 않을 날짜"가 암시하고 있듯이, 세계와 존재는 부단한 생성과 소멸의 사건 그 자체로서 어떤 불변하는 자연의 법칙 속에서 운행되는 것처럼 보인다. 그렇기에 어쩌면 부단히 유전하는 이 세계에 대한 환유가 시인의 시세계에서는 허공의 이미지로, 저 생성과 소멸의 사건 자체에 대한 은유가 마음의 이미지로 형상화되고 있는 것은 아닌지 모르겠다. 이 같은 허공과 마음의

이미지로 인해 김완수의 시세계는 강력하게 불교적 세계관과 인생관을 환기—「허공」「산책」「나무 안에서 나무 밖으로」같은 시들을 보라!—시키고 있다는 점도 아울러 지적되어야 한다—물론 이러한 알레고리적 특성은 또한 약점으로 지적될 수 있다—. 눈물겹도록 아름다운 아래의 시는 바로 이렇게 정처 없이 유전하는 삶의 행로와 마음의 풍경을 오롯이 담아놓고 있는 것처럼 보인다. 그것은 우리의 현대 서정시가 도달한 아마도 가장 눈물겹고도 처절한, 또 그래서 그만큼 높고도 아름다운 마음의 풍경에 속할 터이다.

> 이른 아침, 우두커니 앉아 담배를 피운다
> 밝아오는 여명에 어둠은 낮게 깔리며
> 반복되는 일상의 헐거워진 틈으로 스미고
> 들판도 이렇게 이른 아침부터 제 속살을 태우는지
> 담배 연기처럼 안개를 피워 올린다
> 지난밤의 슬픔은 어디에서 잠이 들었을까
> 달을 에워 쌓듯 무리 지어 빛나던 별들은
> 또 어느 숨결에 쓰러진 것일까
> 슬픔도 잠이 들면 싸늘히 식어 고요한 아침이 되는 것
> 까맣게 타버린 까마귀가 안개의 가슴속으로 날아간다
> 뒹구는 소주병이 공복처럼 파랗게 빛난다
> 어제 저녁 무슨 일이 있었던 것일까

> 서서히 안개의 품으로 투신하는 마을
> 안개 속에서 누가 서성인다
> 속삭인다
> 떠나라
> 떠,
> 나,
> 라,
> 그래, 어디로 떠날까 다시 어디로 떠 날아갈까
> 담뱃불을 끄며 빈 소주병을 치우며
> 이미 떠나온 곳에서 더 이상 떠날 곳도 없는 곳에서
> 아직은 조금 더 살기로 눈 깜짝할 사이만큼
> 아주아주 조금만 더 살기로 한다
>
> ―「어떤 아침」 전문

 곡진한 마음의 풍경을 담고 있는 이 절창의 노래에 대해 더 이상 어떤 말이 필요할까? "이미 떠나온 곳에서 더 이상 떠날 곳도 없는 곳에서" 들려오는 '떠나라'는 화두를 앞에 놓고, 또한 "아주아주 조금만 더 살기로 한다"는 이 무상한 삶에 대한 처절한 긍정 앞에서 더 이상 어떤 설명이 가능하겠는가? 또 다른 시가 "멈춰버리고 싶은 마음까지를 밀고/가을 강은 흐른다"(「가을 강」)고 노래했을 때, 이 같은 마음의 풍경 속에는 끊임없는 '흐름'으로 유전하는 이 실존적 세계와 삶에 대한 크나큰 긍정이

자리하고 있는 것이리라. 어쩌면 삶의 공허와 세계의 허무를 그 자체로 껴안고 긍정하고자 하는 그 마음이 이미 하나의 크나큰 허공은 아닌지도 모를 일이다. 시인의 시세계에서 허공과 구멍의 이미지에 흔히 '길'의 이미지가 포개지는 이유도 이와 무관하지 않을 성싶다―「산책」「길 A」「길 B」「길 C」「길 위에서」 등의 시를 참조하라―. 그것은 곧 유전하는 이 세계와 삶 그 자체의 상징일 것이기 때문이다.

    꿈속에서 또 꿈을 꾸며 내가 자고 있다
    꿈속의 나는 나인데
    꿈속에 꿈꾸는 나는
    내가 아닌 듯 나고 나인 듯 내가 아니다
    이곳인가
    저곳인가
    그곳인가
    삼생(三生)에 걸쳐 누군가가 창문을 두드리는 소리

    야심한 시각
    달도 없는데
    창문에 어른거리는 그림자

    빈 배 한 척이 살얼음 허공에 밀려와 있었다

어디서 왔는지 흰 눈이 높이 쌓여 있다
또, 어디로 가는 신호인지
텅 빈 무거운 몸을 흔들며 바람에 돛이 흔들렸다

한 꿈에서 깨어보니 또, 한 꿈속이다
꿈속의 꿈은 누구의 꿈인가
잠 속에서도
먼 길을 떠나온 사람처럼
웅크린 나의 모습이 외롭고 쓸쓸해 보였다
　　　　　　　　　—「외롭고 쓸쓸한」 전문

  시의 핵심은 '텅 빈 무거운 몸'이라는 역설적인 이미지 속에 있을 성싶다. 왜 '텅 빈' 몸이 '무거운' 몸인가? 비어 있음으로 인해 오히려 무거운 이 부조리한 존재감에 대한 인식이야말로 바로 김완수의 시세계를 조형하는 하나의 강력한 특징이라고 할 수 있다. 이 무게감으로 인해 저 비어 있음은 이 세계와 삶의 경계 바깥으로 휘발할 수 없는 것이다. 그러므로 김완수의 시세계가 각인하고 있는 허공과 공허의 이미지는 어떠한 휘발성의 초월적 관념과도 결부될 수 없음이 분명해 보인다. 그렇기는커녕 오히려 이 존재의 무게감은 주체의 자기동일성의 관념 속에서나 해명될 수 있는 어떤 성질의 것이라고 해야 한다. 가령 "담이 나이고 내가 담이다/그렇게 스스로 내가 담이 된 저녁,/그런 저녁은

/돌처럼 무거워져서 꿈도 일어나질 못한다"(「담 허무는 밤」)라는 구절을 참조하기로 하자. 여기에서 존재의 무게감은 '담이 나이고 내가 담이'라는 사실로부터 연유한다. 달리 말해서, 이 무거움은 어쩌면 실재성의 부재의 장소로서의 주체가 어떤 확고한 자기동일성의 관념을 벗어나지 못한 존재 상태에 있다는 사실과 관련해서만 이해될 수 있다는 뜻이겠다.

  김완수의 시세계는 일체가 허무하다는 전제 아래서 주체란 공허하다는 것, 즉 어떤 실재성의 부재의 장소에 불과하다는 사실을 알려준다. 그러나 감히 말하건대 삶의 공허와 존재의 허무를 이처럼 곡진하게, 그러면서도 어떤 천박하거나 과장된 자기 위안이나 연민 혹은 모멸의 포즈도 없이 정직하게 응시하기란 쉽지 않은 법이다. 더구나 그러한 통찰이 세계와 삶 바깥을 향해 관념적으로 휘발하지 않기란 더욱 지난한 일일 터이다. 시인의 시세계에서 무릇 일체의 삶과 존재는 공허하지만, 그럼에도 불구하고 이 공허는 어떻게든 거부되거나 부정되지 않는다. 그렇기에 삶과 존재에 대한 저토록 처절한 자기부정과 자기긍정이야말로 이 시인의 시세계가 당도한 정신의 높이와 깊이를 말해주는 것이라고 해야 한다. 시는 다만 저 실재성의 부재의 장소로서의 주체라는 관념 속에 뚫린 커다란 균열과 틈을 응시하면서, 그것을 부재의 실재성의 한 형식으로 그려낸다. 그리하여 시의 언어는 이제 '외롭고 쓸쓸한' 공허를 견디는 허공의 언어가 된다.

김완수의 시에서 삶은 그 자체로 크나큰 상처이자 슬픔이다. 그것은 모든 존재자의 몸이 제 어미의 몸으로부터, 그리하여 궁극적으로는 이 세계의 연속성으로부터 분리되는 것으로 시작되는 주체의 비극적인 기원에서 연유한다. 이 기원의 비극성은 곧 우리의 실존적 삶이 에덴의 낙원으로부터 추방되었음을 고지하는 원죄 의식 속에 똬리 틀고 있는 듯하다. 이 실존적 삶의 원죄 의식은 특히 시집에 실린 고향에 대한 시들을 통해 상실된 고향 혹은 유년의 기억들과 관련하여 논의될 수도 있으리라. 이 시들은 여타 다른 시들과는 달리, 물론, 모든 유년의 기억들이 그렇듯이, 다소 정감적이고 애틋한 시선으로 직조되어 있음에도 불구하고, 그 기본적인 정조는 가난과 유랑으로 인한 상실의 상처와 아픔이라고 할 수 있다. 시인이 「우리 어디서 다시 만나랴」 같은 시에서 "고향은 무덤이다"라거나 "잡초 무성한/이국의 어느 쓸쓸한 땅덩어리"라고 노래한 이유도, 상실된 낙원으로 인한 유랑하는 삶과 죽음의 정처 없음에 대한 인식 때문이다. 달리 말해서, 이 정처 없이 유전하는 삶 속에는 그 어떤 것도 고향이라고 할 만한 것이 없다는 뜻이겠다. 삶과 세계를 공허와 허공으로 인식하는 시선에게는 고향 역시 이국에 지나지 않을 뿐이다. 시인은 이 같은 실존적 삶의 죄의식을 "식음을 전폐하고/빛나는 나의 죄"(「어머니별」)라고 적었다. "실은 우거지 냄새가 인간의 냄새인 우거지"(「우거지」)의 이미지야말로 바로 이 같은 삶의 실존적 조건, 즉 세계로부터 분리된 존재자의 불연속성이 갖는 한계를 증거하고 있다. 「노루 사냥」 같은 시가 잘 보여주고 있듯이, 삶이 존재자들에게 대해서 치명적인 것은 그 의도와는 무관하다는 사실에 있다. 사냥에 의해 사살된 노루의 죽음을 앞에 두고 시는 "그것은 우리의 장난이었고 다만 심한 장난에 불과했다"라고 노래하고 있기 때문이다. 그러니 삶은 그 자체로 치명적인 죄가 되는 셈이다.

>누군들 외롭지 않겠는가
>가을밤, 가을비
>
>후드득후드득
>흑,
>흑,
>
>세상이 온통 울고 있는데
>
>누군들 외롭지 않겠는가
>이런 밤에는
>
>다만,
>잎 작은 대추나무 아래, 젖은
>귀뚜라미만 외롭게 울지 않고 있다

―「가을밤, 가을비」 전문

　부재의 실재성이라는 용어로써 지시되는, 그러니까 주체의 존재론적 비극으로부터 연유하는 세계와 삶의 허무는 김완수의 시에서 허공의 이미지나 공허한 여백으로서만, 다시 말해 침묵으로서만 스스로를 드러낼 수 있을 뿐이다. 외로움이나 슬픔, 혹은 상처와 고통 같은 감정들이 결코 눈물이나 소리를 동반하지 않는 '속울음'의 형태를 갖는 것도 바로 이러한 까닭이다. 시에 등장하는 '귀뚜라미'의 이미지는 아마도 이 같은 속울음의 상징적 체화일 터이다. 그것은 어쩌면 깊은 속울음을 울고 있는, 실재성의 부재의 장소로서의 주체 자신의 초상이 아닐까 싶다. '후둑 후둑' 떨어지는 가을밤의 빗소리를 '흑 흑'으로 듣는, 그리하여 "세상이 온통 울고 있는" 밤에도 "잎 작은 대추나무 아래,/젖은/귀뚜라미만 외롭게 울지 않고 있다"는 구절을 주목해보자. 이 귀뚜라미의 이미지를 통해 드러나는 것은 울음 우는 주체와 울음이 서로 분리되지 않는다는 사실이다. 왜냐하면 이 귀뚜라미야말로 바로 울음 그 자체라고 말할 수밖에 없을 것이기 때문이다. 그리하여 우리는 귀뚜라미가 운다고도, 우는 것은 귀뚜라미라고도 말할 수 없다. 귀뚜라미가 울음 자체이기 때문에, 이 귀뚜라미는 울 수조차 없다고 말해야 하는 것이 아닐까? 울음이 울음을 울 수는 없을 테니까 말이다. 그러므로 "귀뚜라미만 외롭게 울지 않고 있다"는 표현은, 역설적으로, 오로지 귀뚜라미만 홀로, 참으로, 울고 있다는 사실을 말해주는 것일지도 모른다. 자신의 존재 그 자체가 바로 울음이자 슬픔인 채로. 이처럼 시에서는 존재와 세계, 주어와 동사는 구별되지 않는다. "멀리 가는/그대가 상처이고//여기 남은/내가 아픔이듯"(「상처이고 아픔이듯」)이라고 노래하고 있는 또 다른 시에서 '그대의 상처'와 '나의 아픔'이 분리되지 않는 것처럼. 그대의 상처는 나의 아픔으로 체화되고, 나의 아픔은 그대의 상처로 육화된다.

> 흐르다 흐르다 지쳐버리면
> 때로는 멈추고 싶은 것을,
> 멈춰버리고 싶은 마음까지를 밀고
> 가을 강은 흐른다
>
> 우리 살아가는 동안,
>
> 이유도 없는 설움이 터져
> 타는 듯 붉은 가을 강가에 앉아보면
> 누구의 잘못도 아니란 걸 조금은 알 것도 같다
> ―「가을 강」 전문

삶의 외로움과 쓸쓸함이 "누구의 잘못도 아니란 걸" 아는 정신은, 그리하여 이 누추하고도 신산한 삶을 묵묵히 긍정하는 마음의 풍경은 아득하다. 이처럼 김완수의 시가 갖는 매력은 외로움이나 슬픔 같은 정념들을 온전히 껴안으면서 제 몸으로 육화해내고 있다는 사실에 있다. 보다 정확히 말하자면, 이처럼 육화된 실존적 삶의 무게를 감당하면서도 그 무게에 짓눌리지 않는 결연한 정신의 높이와 깊이가 시인의 시세계를 웅숭깊게 만들고 있다는 것이다. 시인은 이미 "아픔은 말하지 않아도 이렇게 우러나는 법/상처의 기억은 아물어도/아픔은 뼈와 살 속에 저미어서 절로 우러나는 법"(「상처이고 아픔이듯」)이라고 노래했던 터이다. 그러므로 "마음을 버리고 나니 몸뿐이다"라거나 "집을 버리고 보니 모두가 집이다"(「가출」) 같은 표현은 어떤 달관한 정신의 초연함을 드러낸다기보다는 오히려 슬픔과 외로움을 몸으로 너끈히 감당해내고 있는 자만이 성취할 수 있는 육화된 마음의 풍경이라고 해야 한다. 정처 없이 유랑하는 몸의 행로와 그 행로가 만들어내는 유전의 삶을 그야말로 온몸으로 껴안고 뒹구는, 눈물겹도록 외롭고도 슬픈 삶에 대한 처절한 긍정이 절정의 노래를 만들어낸다. 그것은 마치 유랑 가수의 노래와도 같은 애조 띤 가락을 동반하지만, 이 가락 속에는 어떠한 절망의 그림자도 스며들지 못한다. 그리하여 시인은, 역설적으로, "여기에서 나는 떠나본 적이 없지"(「너무 멀어」)라고 감히 발언할 수 있었던 것이리라.

"변치 말자 변치 말자/다짐하고 맹서하는 발길로 정처 없이 떠돈다"(「봄날, 빈 들에 서보면」) 같은 수사적-역설적 표현이야말로 김완수의 시세계가 지니고 있는 특징을 가장 분명하게 보여주고 있는 것처럼 보인다. '정처 없이 떠돎'을 운명으로 살아야 할 존재자의 실존을 '변치 말자'고 다짐하는 이 모순어법이야말로 시인의 시세계가 감당하고 있는 삶의 실존적 부조리에 대한 강력한 수사로 작용하기 때문이다. 사실상 어떠한 수사나 과장도 없이 오롯이 존재의 실존적 풍경을 소묘하고 있는 듯이 보이는 김완수의 시세계에서 이 역설법이야말로 그 모든 수사를 압도하는 시인의 삶에 대한 근원적 태도를 증거하고 있다. 간결하고도 단아한 이미지들로 직조된 이 같은 노래가 펼쳐 보이는 마음의 풍경이 우리 시의 깊이를 더하고 있음은 분명 의심의 여지가 없으리라. 삶에 대한 어떠한 희망이나 절망의 관념도 또한 자학이나 초월의 포즈도 없이, 그럼에도 불구하고 이 삶의 외롭고 쓸쓸한 공허를 견디며 껴안고자 하는 정직과 용기야말로 시의 뿌리가 되고 있는 것이다. 우리는 이 정직과 용기를 '공허를 견디는 허공의 힘'이라고 불러도 좋다. 다음과 같은 '낙엽'의 이미지는 바로 이 같은 힘에 대한 경외의 산물이리라.

텅 빈, 겨울 공원에 가보라
거기,
노숙자들이 산다

서로서로

춥다고,
쳐다만 보아도 춥다고,

서로서로
추운 인생,
인생끼리 붙으면 더욱 춥다고,

하나씩
떨어져서,
낙엽처럼 뒹굴고 있다

—「겨울 공원」 전문

이 도서의 국립중앙도서관 출판시도서목록(CIP)은 서지정보유통지원시스템 홈페이지(http://seoji.nl.go.kr)와 국가자료공동목록시스템(http://www.nl.go.kr/kolisnet)에서 이용하실 수 있습니다. (CIP제어번호: CIP2013014185)

시인동네 시인선 002
누가 저 황홀을 굴리는가
ⓒ 김완수

초판 1쇄 인쇄 2013년 8월 26일
초판 1쇄 발행 2013년 9월 2일
    지은이 김완수
    펴낸이 김석봉
  책임편집 이현호
    디자인 조동욱
    펴낸곳 문학의전당
  출판등록 제311-2012-000043호
      주소 서울시 은평구 연서로11길 7-5 401호
    편집실 서울시 마포구 공덕2동 404 풍림VIP빌딩 413호
      전화 02-852-1977
      팩스 02-852-1978
      블로그 http://blog.naver.com/mhjd2003
    전자우편 sbpoem@naver.com

  ISBN 978-89-98096-41-0 03810

* 이 책의 판권은 지은이와 문학의전당에 있습니다.
* 양측의 서면 동의 없는 무단 전재 및 복제를 금합니다.
* 잘못 만들어진 책은 바꿔드립니다.